Eva Schumacher

Gedichte & mehr ...

von den kleinen Dingen im Leben

**Zum Nachdenken,
Schmunzeln
und vielleicht auch mal zum Lachen**

oder:

**Es kommt immer nur auf den
Blickwinkel an ;)**

Blickwinkel

Hängt nicht immer alles nur von dem
Blickwinkel ab,
von dem aus wir die Dinge betrachten?
Ich meine die kleinen, die wir so leicht übersehen
und meistens noch nicht einmal achten.
Wir könnten doch öfters mal
aus einem anderen Winkel auf das Leben sehen,
ich glaube, wir würden an vielem
nicht mehr gedankenlos vorübergehen.

Gedanken einer Blumenzwiebel

Da ich kleine Blumenzwiebel noch nicht geboren bin und noch tief in Mutters Schoß im Vaterland lebe, stelle ich mir in meinen Gedanken oft mein kommendes Leben vor.

Wie wird es wohl sein, das Licht zu sehen, die Wärme der Sonne zu fühlen oder den Wind, wenn er sanft über meine Blütenblätter streift?

Wie werden sie aussehen, der Himmel, die Wolken, die Bäume, das Land?

Obwohl ich es manchmal kaum erwarten kann, habe ich aber auch Angst vor der anderen Welt. Wird man mich lieben, so wie die gute alte Mutter Erde es tut? Werden die Menschen, von denen die Ältesten hier oft berichten, gut zu mir sein und auch meine Seele erkennen?

Ich weiß nicht, was mich erwartet, aber ich spüre Tag für Tag die Kraft in mir, die meine Wurzeln wachsen lässt, mir Hoffnung gibt und mich stark für das „neue" Leben unter euch macht.

Sonnentage

Im Hier, im Jetzt, im Heute zu leben,
sich selbst gelassen und zufrieden ein o.k. zu geben,
fröhlich zu sein und was zu wagen-
das gelingt uns leider immer nur an Sonnentagen.
Wir könnten doch einfach die Sorgen
nach oben abgeben,
um uns zweifelsfrei zu erfreuen am Leben.
Wir könnten doch versuchen nicht so oft an
gestern oder morgen zu denken
und ganz bewusst den heutigen Sonnenstrahl in
das Innere lenken.
Wir könnten doch viel öfter herzhaft
über uns selbst lachen,
und mal mehr unvernünftige, verrückte
Sachen machen …
Lasst uns doch einfach versuchen,
wieder wie die Kinder
im Hier, im Jetzt und im Heute zu sein-
Gelassen und zufrieden, auch ohne Sonnenschein.

Komm mit ...

Komm mit, wir legen uns auf die Wiese
um in den Himmel zu schauen,
den Vögeln zu lauschen
und um Luftschlösser zu bauen.
Wir albern herum, genießen die Zeit
und pusten die Schirmchen des Löwenzahns weit.
Und wenn dann der Mond hoch
am Himmelszelt steht,
die Sterne, die funkeln und der Abendwind weht,
wir müde und glücklich spüren,
dass nichts in der Welt unseren Frieden mehr stört,
dann schauen wir uns an, tief im Herzen berührt,
denn dieser Tag hat uns ein großes Stück näher
zum Himmel geführt.

Muttertag oder Warum meine Mama die Beste ist...

Nur mal angenommen, Sie könnten ihre Mutter gegen eine andere eintauschen, würden Sie das tun?

Also, ich auch nicht! Und dafür gibt es mehr als einen Grund...

Neulich fiel mir durch Zufall nochmal mein altes Fotoalbum in die Hände.

Eva, gerade neugeboren, Eva im Kinderwagen, Eva auf dem Wickeltisch, Eva beim Baden, Eva beim Eiersuchen, Eva beim Dies und Eva beim Das, kurz – Eva, Eva, Eva ...

Fast auf jedem Foto mit dabei, manchmal auch nur durch die Hand erkennbar, die mich festhielt – meine Mutter.

Mir wurde während dem Durchblättern der vielen Seiten richtig warm ums Herz, wie es einem halt so wird, wenn man spürt und sieht, was für ein geliebtes Kind man doch war.

Auch als ich dann älter wurde, bewies es sich immer wieder, dass ich Mama anscheinend wirklich alles andere als egal sein musste ...

Einmal wurde ich im 1.Schuljahr auf dem Schulhof aus Versehen von einer Lehrerin angefahren. Außer dass das Hinterrad ihres Autos auf meinem Oberschenkel stand, war nichts passiert. Ich nahm es auch recht locker, sagte meine Mutter doch stets aus tiefster Überzeugung, dass ihre Eva ganz und gar nicht empfindlich sei und außerdem die „starken Knochen" ihrer Schwiegermutter geerbt habe.

Also war ich nicht empfindlich, wusste ich doch siegessicher, dass das Auto meinen starken Knochen nichts anhaben konnte! Ich rief meiner Lehrerin nur laut zu, sie möchte doch bitte schnell von meinem Bein runter fahren. Diese schaute irritiert aus ihrem Seitenfenster, sah das Missgeschick und fuhr vor lauter Schreck auch noch über das andere.

In der Zwischenzeit (wie mir später erzählt wurde) bekam meine Mutter zu Hause Besuch von einigen meiner Mitschüler, die ihr laut heulend mitteilten, dass ihre Tochter tot am Schulhof liege.

Als ich nach erfolgreicher Befreiung in das Klassenzimmer getragen wurde, sah ich von weitem eine Frau im Bademantel, mit Schlappen an den Füßen und Lockenwickler auf dem Kopf, die schreiend und kreischend Richtung Schule rannt … Mama.

Jetzt hatte ich zwar den Unfall überlebt, die dann folgenden Liebesbezeugungen meiner Mutter fast aber nicht …

Ich bekam am Abend ein Rieseneis von ihr, was in dieser Größeneinheit nun wirklich eine Seltenheit war, war ihr Leitsatz doch in Bezug auf mich, immer auf das richtige „Maß und Ziel" zu achten!

(Den Beinen war übrigens, außer, dass die Reifenabdrücke noch lange Zeit sichtbar waren, nichts passiert:))

Ein anderes Mal, ich war vielleicht fünf, hatte ich während eines unserer vielen Freibad Besuche mit immer prall gefüllter Kühltasche beschlossen, doch mal vom Sprungbrett der Großen zu springen. Dass ich noch nicht richtig schwimmen konnte, sah ich nicht als Hindernis an und so erklomm ich mutig die schwindelte Höhe des Zehn-Meter- Bretts.

Meiner Mutter, die sich sonnte und mich im Nichtschwimmerbecken vermutete, rief und winkte ich fröhlich zu. Ich rief solange, bis sie ihren Kopf in meine Richtung hielt und ich konnte beobachten, wie sich ihr gebräuntes Gesicht von hier oben aus in einen schneeweißen Stecknadelkopf verwandelte.

Allerdings brachte ich es in in keinster Weise mit mir in Verbindung, sondern wunderte mich nur.

Mit Anlauf sprang ich vom Brett und wurde mit „klasse" und weiteren Beifallsrufen der großen

Jungen empfangen.- Danach mussten wir leider direkt nach Hause, weil meine Mutter nach einem Ohnmachtsanfall unter starker Übelkeit litt.

Zwischen solchen Begebenheiten, verlief das Leben auch recht abwechslungsreich. Dafür sorgte Mama immer. Sei es, dass wir nach den Hausaufgaben im roten VW Käfer saßen, um ein kleines „Tourchen" zu machen, wobei wir die Heino Kassette bis zum Anschlag aufdrehten, sangen, was das Zeug hielt und uns vorstellten, fliegen zu können. Es wurden kurzfristig Partys mit der Nachbarschaft veranstaltet, bei denen ich immer mit eingeplant war, oder sie machte mit mir, wenn ich in einer heißen Sommernacht nicht einschlafen konnte, Nachtspaziergänge im Schlafanzug:).

Auch meine ausgeprägte Geselligkeit ließ sie nicht verzweifeln und sie nahm meine vielen Besucher, einschließlich Unmengen von Schlafgästen, stets willig hin.

Es mag sich zwar im Nachhinein alles ein wenig sehr rosarot anhören, doch so sehe ich im Rückblick mein Kinderleben eben! Rosarot und zuckersüß – dank Mama!

Meine Jugendzeit hätte meine Mutter sicher sehr gerne übersprungen. Auch ich sah damals meine

Mutter in einem völlig neuen Licht und konnte mir zuweilen nicht erklären, dass irgendjemand gerne mit ihr zusammen sein wollte. Fast täglich gerieten wir aneinander, es flogen schon mal die Fetzen und wenn ich dieser Zeit eine Farbe geben müsste, dann mit Sicherheit „Gewittergrau".

Klar, ich entwickelte so langsam aber sicher meine eigene Meinung und unserer Geschmack in Bezug auf fast alles klaffte meist weit auseinander. Auch das äußere Erscheinungsbild wich ziemlich von dem meiner Mutter ab, denn im Gegensatz zu ihren zierlichen, sah ich meine „starken Knochen" jetzt wahrlich in einem neuen Licht!

Zudem kam noch, dass ich jetzt zu ihr runter gucken musste und ich mich oft mehr als das Kind eines Trampeltiers fühlte, als das Kind dieser anmutigen Menschenfrau.

Doch sonderlich geprägt hat mich diese Zeit nicht, fand ich doch letztendlich meinen Weg. Zwar in meinen Turnschuhen statt in ihren Pumps, aber ich kam, mit Mamas Netz und doppelten Boden, gut an meinen Zielen an.

Dieser „Weg", den ich locker, beschwingt und mit vielen Umwegen ging, raubte meiner Mutter allerdings oft den Schlaf. Sie litt ab und zu schon mal unter Albträumen, welche bestimmt mit dazu beitrugen, dass sie schon recht früh Premium-Kundin beim Frisör wurde.

Seit 51 Jahren und drei Monaten als Kind meiner Mutter weiß ich, dass sie mir immer zur Seite stehen wird. Egal wann, egal wobei. Ich weiß, dass sie immer ihr Bestes geben wird. Sie wird da sein und wenn die ganze Hölle folgt!

Also Mama, auch wenn ich mich eine Weile mal nicht melde oder es meine Fassade nicht immer erkennen lässt, du kannst dir sicher sein:

Für mich bist du die Allerbeste und das nicht nur am Muttertag!

Der Löwenzahn

In Wikipedia steht: Gewöhnlicher Löwenzahn (Taraxacum Officinalis), mehrjährige, bis 40 cm hohe Pflanze. Wurzel rübenartig, bis 30 cm lang. Blätter in grundständiger Rosette, verschieden tief und unregelmäßig gezähnt. Blütenköpfe einzeln, an einem langen hohlen Blütenstiel. Blüten alle zungenförmig, Pflanze enthält einen weißen Milchsaft ... Blütezeit: April/Mai.

Jeder von uns weiß das. Jeder von uns kennt ihn. Jeder von uns fand ihn als Kind ganz toll und jeder, der ihn später im Garten hat, kann ihn absolut nicht mehr leiden!
Was ist das doch für ein nervtötendes Gewächs, dessen Wurzeln so tief und festsitzen, dass man kaum in der Lage ist, sie rauszureißen! Mit welcher Kraft sie sich im Boden verankern! Wie kann denn, das allgemein bekannte Unkraut nur so hartnäckig verwurzelt sein?! Schön find' ich sie eigentlich nur im Frühling, als Pusteblume.- Aber so?
Obwohl ... Wären die Menschen doch mal alle so verwurzelt, kommt es mir in den Sinn.
Irgendwo „verwurzelt" zu sein ist ja ein Grundbedürfnis eines jeden Menschen. Ohne das, hät-

ten wir keinerlei Haftung im Leben, wüssten nicht, wo wir hingehören und zu Hause sind. Wir wären wie ein Blatt im Wind, dass ziellos hin und her geweht würde.

Wie tief unsere Wurzeln letztendlich werden wird von unserem Urvertrauen bestimmt, welches unsere Familie uns schon in frühster Kindheit mit in die Wiege legte. Das Urvertrauen, das von der einen, an die nächste Generation weitergegeben wird. Ein Wissen in Form von Verwurzelung und Kraft. – Genau wie die Schirmchen der Pusteblume! Auch diese geben all das an die nächste Generation weiter.

So schlimm sind sie ja eigentlich doch nicht! Wenn ich's mir recht überlege, find' ich sie auch gar nicht mehr so hässlich! Eigentlich sind sie doch sogar sehr schön! Hatten sie immer schon immer solch eine satte gelbe Farbe und diesen aufrechten Wuchs?

Also ich werde die Stärkste stehenlassen! Als Vorbild. Als mentale Kraftquelle.

Eine so wunderschöne Blume! Einen Namen wird sie auch bekommen!

Meine nenn' ich "Hoffnung"...

Das Vöglein

Es saß ein Vöglein auf dem Baum, erfreute sich
des Lebens.
Schaute vergnügt sich suchend um, doch leider
noch vergebens.
Alles um ihn herum war so still, so leise-
selbst sein bester Freund, die Meise.
„Hm, was soll ich jetzt mal Tolles machen?
Singen? Spielen? Fliegen? Lachen?
Ach, was ist es hier so leer,
ich glaub', heut' kommt wohl keiner mehr..."
Doch da! Hatte es etwa ein Geräusch vernommen?
Ob wohl endlich einer war gekommen?
- Nein, schon wieder war es Fehlalarm,
dabei wurde es schon draußen warm!
Selbst der Fuchs, der ruhte noch im Bau,
die Katze schrie noch nicht Miau,
der Hund bellte sich auch noch
nicht die Kehle wund,
langsam wurde es ihm echt zu bunt.
Was hatte es das Warten satt,
pickte verdrossen an'nem Blatt,
puhlte sich die Krallen rein,
und kratzte gelangweilt sich am Bein.

Komisch, dachte sich das Vögelein,
da kann doch was nicht richtig sein!
Gestern abend hab' ich noch gedacht,
wenn ihr euch doch alle nur in eure Betten macht!
Mir gewünscht von ganzen Herzen
Ruhe-Stille-Einsamkeit-
und nur einmal... fünf Minuten für mich Zeit.

Jedem das Seine

Machen Sie das auch gerne? Leute beobachten, meine ich. Irgendwo in einer Stadt, in einem Straßencafé sitzen, einen Cappuccino trinken, vielleicht die neue Sonnenbrille aufsetzen und die vorübereilenden Menschen betrachten? Wie sie so aussehen, wie alt sie wohl sind und ob sie glücklich oder unglücklich wirken. Es ist schon interessant zu sehen, wie viel verschiedene Menschentypen existieren! Und da wir ja immer alles in Schubladen einsortieren, tun wir es auch da.

Ich finde, es gibt da drei große „Gruppen":

Da sind zum einen „die Schicken", welche top gestylt, mit perfekt sitzender Frisur (manchmal auch bewusst zerzaust, wobei jede abstehende Haarsträhne mit Gel korrekt in die richtige Position gezogen wurde) und den guten Schuhen aus feinstem, echten Leder (irgendwann krieg´ ich auch so welche!), die bestimmt nur zu diesem einen Markenoutfit gekauft wurden! Jedes Detail, geplant und durchdacht! Natürlich die Sonnenbrille von „Gucci" nicht zu vergessen, die selbst im Winter griffbereit am Haupthaar sitzt.

Dann die „Normalos" (zu denen ich mich auch zähle). Das sind die, die morgens auch schon mal die Klamotten vom Vortag tragen und dem eventuell das Fleckchen auf dem T-Shirt erst auffällt, wenn sie schon im Auto sitzen. Die, die sich freuen, wenn Tchibo oder Aldi wieder so gute Angebote haben und ihre Schuhe auch mal bei Deichmanns kaufen.

Und zum Schluss kommt dann die Gruppe der „ganz Einfachen".

Ich meine, die Leute, die wahrscheinlich aus Versehen vergessen haben die Haare zu waschen oder den Zahnarzttermin (ich rede jetzt nur von den Kontrollterminen, die nichts kosten!). Die, die sich anscheinend nicht die Bohne darum scheren, wie sie auf andere wirken. Ihre Zigarette selbstbewusst im Mundwinkel, strahlen oder schreien sie in die Welt hinaus.

- Ist ihnen auch aufgefallen, dass diese „Gruppe" die Selbstbewusstesten von allen sind? Dass das die Menschen sind, die sich keinen Deut darum scheren, welche Wirkung sie auf andere haben?

Eigentlich doch bewundernswert, diese Einstellung, oder? Der Letzte wird der Erste sein; passt auch da!

Erkennen wir uns?

Wir, die sich n i e freiwillig zu den „Schubladendenkern" zählen würden?

Ist es nicht so, dass wir, eingebettet in unsere Egozentrik, uns nicht doch ab und an dazu verleiten lassen, überheblich und kleingeistig, unsere Mitmenschen in „Schubladen" zu stecken?

Die Geschichte hätte natürlich einen ganz anderen Verlauf genommen, würde ich mich der ersten oder der dritten Gruppe zugehörig fühlen, oder? Ich sähe meine kleine Welt wahrlich aus einer völlig anderen Perspektive.

Jede Oberfläche hat auch einen Grund. Manchmal auch einen sehr tiefen Grund, den wir erst mal übersehen oder auch gerne übersehen wollen.

Wer sagt uns, dass die, die auf den ersten Blick so „extrem einfach" wirken, nicht die freundlichsten und nettesten von uns allen sind? Die einfach nur andere Wert- und Moralvorstellungen besitzt als wir. Die, die sich nicht damit brüsten müssen, ein schickes Designerblüschen ihr eigen zu nennen, da es ihnen völlig wurscht ist, welche Kleidungsstücke ihren Körper bedecken. Die sich so wohlfühlen und ihren „Sinn des Lebens" eben nicht mit dem Inhalt des Kleiderschranks assoziieren.

„Den sucht eventuell die Dame aus der Gruppe 1 noch. Wandet sie sich vielleicht deshalb in sündhaft teure Garderobe?", flüstert mir mein kleines Teufelchen gerade ins Ohr.

„ Nein! So einfach ist es nicht, du dummer Wicht!", weise ich ihn streng in seine Schranken.

Denn wesentlich wahrscheinlicher ist es, dass sie es sich einfach leisten kann! Es wird ihr nicht mal im Traum in den Sinn kommen, ihren Zuschauern aus niederen Motiven ihren Kontostand zu demonstrieren. Sie wird vermutlich nicht einmal die Zeit dazu haben. Wer weiß? Vielleicht ist sie ja die Ärztin, die gestern noch am Bett ihres Patienten saß, ihn im Arm hielt, um ihm die schlimme Diagnose zu überbringen. Die Tag und Nacht für uns im Einsatz ist. Vielleicht ist sie ja auch eine Unternehmergattin, von der es einfach erwartet wird, eine bestimmte Kleiderordnung einzuhalten, obwohl sie viel lieber im Schlabberlook rumlief... W e r weiß das schon.

„ Aber ab und zu macht es doch Spaß, das oberflächliche Spiel", mischt sich mein Teufelchen schon wieder ein.

Na ja, da muss ich ihm Recht geben! Sich einfach nur mal an der Oberfläche zu suhlen und nicht ständig auf Tiefgang gepeilt zu sein, ja, das tut schon mal echt gut. Gönnen wir es aber auch unseren Kolleginnen aus den anderen Schubladen (o.k. Teufelchen, ich kann´s nicht ganz lassen)!

Dann sind wir quitt, oder?

Also Mädels! Treffen wir uns doch alle nächste Woche in der Stadt!

Zum fröhlichen, lockeren „Schubladenspiel" ... ;)

Wolkenreise

Leg dich auf ne Wolke und schweb auf ihr dahin,
lass los, was dich gefangen, träume ohne Sinn.
Und bist du dann gelöst von allem,
frei und federleicht,
verschwinden all die Grenzen,
die Zeiten und der Raum,
Sorgen, sie zerplatzen, wie Seifenblasenschaum.
Drum leg dich auf ne Wolke und träume
ohne Sinn,
lass los, was dich gefangen und schweb
auf ihr dahin …

Hallo Blümchen,

ich finde dich wunderschön,
hast du dich mal im Spiegel angesehen?
Nein, sagte das Blümchen erstaunt und bestimmt,
wir wissen auch so, wie schön wir sind.

Sommerlied

Jetzt singt in uns allen wieder ein anderes Lied,
es ist eins,
welches von Wärme, Licht und Freude spielt.
Es ist eine Melodie,
die Töne fröhlich, hell und leicht,
und wenn nicht heute,
sie spätestens morgen auch dein Herz erreicht.

Der Tag, an dem ich mein Gewissen kennenlernte ...

Es war Frühling. 1972 um genau zu sein. Ich war sechs Jahre alt, liebte Eis, mein Bonanza Fahrrad, meine blauen Zopfspangen, Susi, meine Puppe (mit der ich nur heimlich spielte, weil ich ja eigentlich ein Junge sein wollte), Mama, Papa, manchmal meine Schwester ... und meinen Kindergarten! Den liebte ich sogar von ganzem Herzen, traf ich doch da jeden Tag meine besten Freundinnen und Freunde. Wir spielten, malten, zankten und vertrugen uns, kurz, wir lebten fröhlich in den Tag hinein. Kein Wölkchen trübte meinen Kinderhimmel, ich war eins mit mir und meiner Welt.

Da wir mit sechs schon „Schulkinder" und somit alte Hasen waren, fiel uns ab und an die Aufgabe zu, uns um die Kleinen oder Neuen zu kümmern.

War auch kein Problem für uns, hatten wir doch so schon mal einen, der uns das Springseil holte, die Jacken an die Haken hing oder sonstige kleinen Botengänge erledigte.

Eines Tages rief Tante Liesel Anja, Daniela und mich zu sich, um uns mitzuteilen, dass heute eine ganz besondere Aufgabe auf uns wartete. Sie erzählte, dass heute ein Mädchen zu uns käme, das etwas „anders" sei. Gundula hieß sie, sei acht Jahre alt und würde einen „Schnuppertag" bei uns machen. Sie bat uns, ihr alles zu zeigen, sie mitspielen zu lassen und uns ein bisschen um sie zu kümmern.

Aaacht??? Und noch im Kindergarten??? Meine Abscheu stand mir bestimmt schon im Gesicht geschrieben, bevor ich Gundula sah. Kichernd und voller Unverständnis gingen wir zur Schaukel zurück. Nach einiger Zeit entdeckte ich sie und konnte nicht glauben, was ich da sah!

Groß, riesengroß, mit feuerroten Haaren, dicker Brille und seltsamen Gesten stand sie am Törchen an der Hand ihrer Mutter und gab so komische Laute von sich, die ich bis dahin noch nie gehört hatte!

Daniela und ich guckten uns angeekelt und ratlos an und wussten wortlos, was wir auf gar keinen Fall wollten … Genau in diesem Moment riss sie sich von der Hand ihrer Mutter los, lief auf uns zu und leckte uns (es sollten bestimmt Küsse sein) das ganze Gesicht ab.

Die Mutter kam hinterher, lächelte uns an und schien zu denken, wir fänden das toll und freuten uns ihre Tochter kennenzulernen. Tante Liesel beobachte uns auch aus der Nähe, so dass wir keine Chance hatten uns aus der Affäre zu ziehen. Also zogen wir missmutig mit Gundula im Schlepptau in Richtung Wippe los. Die anderen waren logischerweise sehr froh, diesem Kelch entgangen zu sein und schauten uns hämisch und Finger zeigend hinterher. War das peinlich! Nach einiger Zeit, unsere erwachsenen Beobachter saßen im Büro, fiel mir ein gutes Spiel ein. "Schleudern" sollte es heißen. Da Gundula die ganze Zeit über sowieso wie eine Klette an mir hing und ständig auf mich runter guckte, fragte ich sie hinterhältig, ob sie Lust darauf habe, ein bisschen von mir durch die Gegend geschleudert zu werden. Freudig stimmte sie zu. Ich packte sie an einem Arm, stellte mich in Position und begann mich immer schneller um meine eigene Achse zu drehen. Gundula blieb jetzt nichts anderes mehr übrig als im Kreis zu laufen. Ich wurde schneller und schneller, ihre Brille verrutschte, sie lief (eher trampelte) so schnell sie konnte... und dann ...dann ließ ich los, und sie fiel und stolperte mit ziemlicher Wucht auf den Boden.- Alle lachten, ich auch. Gundula rappelte sich mühsam auf, keiner half und doch kam sie mit fröhlichem Gesicht auf mich zu gewankt. Sie nahm mich ungeschickt in ihre Arme, drückte mir einen ihrer nassen Leckküsse ins Gesicht und strahlte mich an. Mir wurde ganz mulmig zumute, aber nicht aus Ekel, sondern aus einem Gefühl, welches mir in meinem ganzen sechsjährigen Leben so noch nicht begegnet war. Ich wusste nicht, ob ich mich gut oder schlecht fühlte oder ob mir heiß oder kalt war. Aber eins fühlte ich mich auf jeden Fall nicht – wohl!

Gundula und ihre Mutter gingen dann nach Hause, doch nicht ohne mir noch einmal zuzuwinken.

Der Tag ging ansonsten so weiter wie immer- bis auf mein komisches Gefühl im Bauch. Dauernd hatte ich das Bild vor Augen, als ich Gundula während des Schleuderns losließ. Ich konnte machen was ich wollte, selbst zu Hause während des allabendlichen Sandmännchens ging dieses komische Gefühl nicht weg.

Die Nacht, die dann kam, werde ich nie vergessen!

Einschlafen konnte ich nicht, dauernd musste ich an Gundula denken. Wie lieb sie mich doch angeguckt und fest gepackt hatte. Auch mich sah ich vor mir. Wie gemein und fies ich doch war! Ich hatte ihr noch nicht mal beim Aufstehen geholfen! In dieser Nacht erlebte ich das erste Mal bewusst einen Albtraum. Ich weiß noch, dass der Teufel mit den drei goldenen Haaren ganz dicht an meinem Gesicht war, sich freute und sich die Hände rieb.

Die restliche Nacht verbrachte ich im Bett zwischen meinen Eltern.

Am nächsten Morgen konnte ich es kaum erwarten in den Kindergarten zu kommen. Ich hatte mir vorgenommen, wirklich ehrlich nett zu Gundula zu sein und nie mehr über sie zu lachen. Erstaunlicherweise ging es mir nach diesem Vorsatz direkt etwas besser. Als ich am Kindergarten ankam, sah ich, dass ihre Mutter und Tante Liesel an der Tür standen und sich unterhielten. Mir war klar, dass sie auf mich warteten und ich wahrscheinlich nicht mehr in den Kindergarten kommen durfte. Ich machte mich angstvoll auf das Schlimmste gefasst, fand aber auch, dass ich es verdient hatte, rausgeschmissen zu werden.

Als ich tapfer auf sie zu schritt, sah mich Gundulas Mutter. Sie kam mir entgegen und drückte mich mit Tränen in den Augen an sich. Sie bedankte sich, dass ich gestern so lieb zu ihrem Kind gewesen sei, mich so gekümmert und mit ihr gespielt hätte. Gundula sei auch abends noch glücklich gewesen. Zum Dank schenkte sie mir zu allem Überfluss noch eine große Packung Schokoküsse – Oh Gott, hab´ ich mich geschämt!

Merkwürdigerweise enden an dieser Stelle meine Erinnerungen an Gundula. Ich weiß nur noch, dass es hieß, sie sei im Krankenhaus.

Leider sah ich sie nicht wieder, doch vergessen habe ich sie nie und vor allem nicht das Gefühl, welches ich später als „Gewissen" identifizierte.

Ich glaub', ich kann sagen, dass ich mich seitdem bemühe mit diesem im Reinen zu sein, denn eins ist gewiss:

Nur ein gutes Gewissen ist ein wirklich! ruhiges Ruhekissen!

Wenn ich in Gedanken reise ...

Manchmal, wenn ich in Gedanken reise,
mal als Adler über die Wälder kreise,
mal als Schmetterling durch die Lüfte schwebe,
mal als Ameise schwere Lasten hebe,
oder ich vertrauensvoll als Hund,
mein Herrchen liebe ohne Grund,
dann fühle ich beschämt, wie anmaßend und klein
mein eigenes Ich dachte in der Welt zu sein.
Mal aus anderen Augen sehen,
mal im Geist die Wege des Nächsten gehen
zu erkennen, dass wir alle Wer sind,
für diese Reise braucht man kein Gut
und braucht auch kein Geld.
Man braucht dafür nur ein offenes Herz,
man wird fühlen des Anderen Schmerz,
man wird verstehen sein Tun und sein Leben,
das alles kann eine Reise in ein anderes Ich dir geben.

Einmal Himmel und zurück ...

Manchmal liegen Traum und Wirklichkeit ja weit auseinander- bei mir waren es zum Glück nur 4000 Meter. So weit ist es nämlich von der Erde bis zum Himmel, oder eher gesagt, bis zu der (in meinem Fall) benötigten Höhe eines Fallschirmsprungs. 4000 Meter, die aber waagerecht betrachtet nicht annähernd das auslösen wie sie es aus vertikaler Sicht tun.

„Über den Wolken, da muss die Freiheit wohl grenzenlos sein"... ob dieses Lied von Reinhard Mey oder meine Flugträume als Kind, nach denen ich stets überzeugt war fliegen zu können, der Auslöser meines Wunsches war, ich weiß es gar nicht so genau.

Dass dieser aber mal auf die Tatsachenebene wandern würde, das hätte ich, bis zu letztem Weihnachtsfest, nie gedacht. Gerührt und ein bisschen erschrocken nahm ich das Geschenk in Form eines Gutscheins aus den Händen meines stolz dreinblickenden Mannes entgegen.

Meine Gefühle wechselten in den nächsten Monaten zwischen völliger Vorfreude und banger Erwartung hin und her. Komischerweise lief in der Wartezeit zweimal der Filmklassiker „Denn sie wissen nicht was sie tun" und ich hoffte beim

Lesen des Titols jedes Mal klammheimlich, dass es mein zukünftiger Tandempartner wenigstens weiß. Die ganze folgende Zeit über achtete ich tunlichst darauf, dass mein bei dem Thema stets aufgesetztes beschwingtes Pokerface meine geheimsten Gedanken und Befürchtungen nichts vermuten ließ. Dafür gefiel ich mir viel zu gut in der Rolle der mutigen Frau, die sich todesmutig aus dem Flugzeug stürzt.

Und dann war es endlich soweit! Der Tag, der meine Sichtweise auf die Welt ändern sollte, war da! Das Wetter war gut, es schien sogar der Sonnentag des Jahres zu werden! Die Schmetterlinge in meinem Bauch übten schon seit nachts kräftig und äußerst lebensfroh das heutige gemeinsame Vorhaben.

Beim Zähneputzen überfiel mich plötzlich der Gedanke, die nette junge Frau bei der Terminvergabe am Telefon ja gar nicht gefragt zu haben, was man denn eigentlich unter diesem Fliegeroverall anzieht. Leggins? Jeans? Ich entschied mich nach einigen Anproben für meine neue Jeans, weil ich bei kritischer Betrachtung in den Spiegel fand, in meiner alten, aber zugebenerweise sehr gemütlichen, Turnleggings alles andere wie eine coole Fallschirmspringerin auszusehen.

Eine Stunde später am Ort des Geschehens ange-kommen, verspürte ich nur noch reine Freude beim Anblick der dort schon am Morgen herr-schenden Betriebsamkeit. Blauer Himmel, sattes grünes Gras, Flugzeuge und Sonnenschein. Ich konnte es kaum erwarten! Es ging es los!

Überall traf man auf nette, unkomplizierte junge Menschen, die den Laden sichtlich im Griff hat-ten. „Hi Eva, du springst mit Ivo", teilte mich das fröhliche junge Mädchen nach der Anmeldung meinem Tandempartner zu. Weiter wies sie mich an, schon mal auf die Wiese zu gehen, um dort mit „Micha" die Verhaltensregeln während des Sprungs zu üben. Gut gelaunt begab ich mich dahin.

„… und wenn ihr etwas vergessen solltet- das macht gar nichts. Eurer Partner wird in dem Fall alles regeln, man kann sich nämlich unterwegs wunderbar unterhalten", erklärte uns Micha während den erstaunlich leichten Trockenübun-gen. Diese Aussage nahm ich trotzdem sehr er-leichtert und dankbar zur Kenntnis, neigte ich doch schon immer dazu, vieles erst beim zweiten Mal richtig zu kapieren.

Tim, mein persönlicher, mitgebuchter und super-netter Kameramann, stellte sich mir vor. „Hallo Eva, ich bin ab jetzt dein Schatten", lachte er mich freundlich an.

Dann wurden wir (meine zwei Mitspringer und ich) zu unseren Tandempartnern in den Kleiderraum geschickt. Dort angekommen sah ich einen Hünen von Mann. Zu meiner, zugegeben großen, Freude hörte er auf den Namen Ivo. Er winkte mich zu sich und reichte mir einen Overall den ich über meine Sachen anziehen sollte. Nun kam ein Rucksack artiges Geschirr an die Reihe. Der Mann, dem ich gleich mein Leben in die Hand legen würde, zurrte, schnürte und zog an mir herum.

„Do you speak English?", fragte er mich, während er mir als letztes die Schutzbrille reichte und die Fliegermütze überstülpte.

„Ohhh, nur a little bit", antwortete ich erschrocken, da er mich völlig unvorbereitet an meiner Achillesferse traf.

Das Flugzeug war startklar und wartete auf uns. Am Weg dorthin unterhielten wir uns noch eine Weile in Zeichensprache.

Nachdem wir eingestiegen waren, sich die Propellermaschine in die Lüfte erhob und stetig die Himmelsleiter bis zu der Höhe von 4000 m erklomm, erfasste mich eine innere Ruhe, die ich so in der Form nicht erwartet hätte. Trotz der fröhlichen, erwartungsvollen Stimmung um mich herum, zwischen lauten Gesprächen und lustigen

Worten, war ich seltsamerweise plötzlich innerlich so ruhig, wie ich es sonst nur von meinen Waldspaziergängen her kannte.

Dieses Gefühl von Ergriffenheit und völligem Gottvertrauen, in mich, die Welt und meinen Tandempartner, blieb, selbst als einer der Verantwortlichen das Rolltor zum Himmel öffnete und ich Beine-baumelnd über den Wolken in der offenen Flugzeugluke saß.

Wie klein, friedlich und wunderschön sie doch war, die Erde, die da vor meinen Füßen lag!

„Kopf nach hinten, Schultern zurück, und ab", gab mir Ivo mit Handgriffen und Zeichensprache zu verstehen.

Der freie Fall ... welches Gefühl dieser in den ersten Sekunden in mir auslöste, das lässt sich für mich auch im Nachhinein kaum in Worte fassen.

„Überraschende kurzfristig mulmige Orientierungslosigkeit" trifft es irgendwie am besten. Kleinkinder, die ja täglich Ersterfahrungen machen, werden dieses unbeschreibliche Gefühl vermutlich ebenfalls kennen. Vielleicht auch die Erstgebärende, die sich neun Monate lang wahnsinnig auf ihr Kind freut und dann plötzlich von einer Sturzgeburt überrascht wird. So ähnlich fühlte ich mich auch.

Es war laut, was zum einen an den Motorenge-
räuschen über mir lag, sowie wohl auch an der
Geschwindigkeit von 200 km/h, mit der wir auf
die Erde zusteuerten. Dass es sich dabei um nur
ca. 50 Sekunden handelte, verwundert mich noch
heute. Mein Zeitgefühl war während des kom-
pletten Sprungs völlig außer Betrieb.

Dann kam er, der Ruck beim Öffnen des Schirms,
den ich aus dem Fernsehen kannte. Unser Fall-
schirm breitete sich aus, wir schwebten sacht da-
hin... Ich musste die ganze Zeit über an Joseph
von Eichendorff denken. Verträumt taufte ich
seine „Mondnacht" in „Sonnentag" um.

Plötzlich wurde ich jäh durch aufgeregte Rufe
aus meinen Gedanken gerissen ... irgendetwas
wollte Ivo von mir, ich wusste nur nicht was!
Seine Stimme wurde lauter. Ich meinte gehört zu
haben, dass er mich auf die schöne Landschaft
hinweisen wollte, doch dann verstand ich end-
lich. Ich sollte, jetzt und sofort, die Beine hoch-
ziehen, weil wir gleich landen würden. Zu mei-
nem Riesenschreck waren meine Beine plötzlich
wie gelähmt! Ich konnte machen was ich wollte,
es ging nicht, ich kriegte sie keinen Millimeter
geknickt, geschweige denn hoch! Ivo segelte nach
links, nach rechts, bestimmt um Zeit zu schinden
und die Landung hinauszuzögern. Ich kümmerte

mich zwischenzeitlich weiter darum, nicht der Auslöser einer Bruchlandung zu sein. „Meine Hose ist bestimmt zu eng", rief ich ihm entschuldigend zu. Seinem Gesicht war anzusehen, dass er andere Sorgen hatte. „Hoch, hoch, du könntest dir die Füße brechen", verstand ich in Denglisch sein hörbar besorgtes Schreien. Und wie ein Wunder schaffte ich es doch noch kurz vor knapp. Die Landung war sanft und, jedenfalls meiner Meinung nach, fast wie aus dem Bilderbuch. Ivos Gesichtsausdruck hingegen sagte etwas anders aus.

Tim, der Kameramann, kam mir entgegen gelaufen. „Hui, Eva, das war knapp. Aber egal, es ist ja noch mal gut gegangen", lachte er mich erleichtert an. Erleichtert war ich zwar auch, aber in erster Linie war ich sauer auf mich! Dieser Abgang passte nun wirklich alles andere in mein Bild von mir als Fallschirmspringerin! Ich hoffte inständig, dass Tims Helmkamera die Landung nicht mehr aufgenommen hatte. Noch im Sitzen beschloss ich, den Sprung auf jeden Fall zu wiederholen.

Und dafür für gab es viele Gründe:

Zum ersten natürlich wegen der omahaften, peinlichen Landung. Zum zweiten wegen der Abläufe und Gefühle während des Sprungs, die ich jetzt kenne, einschätzen und daher besser genießen kann.

Zum dritten, weil die Vorfreude so schön ist. Weil es befreiend ist, über seinen eigenen Schatten zu springen, weil es ergreifend ist, dem Himmel so nah zu sein und ... weil es ein gutes Mittel ist, das Vertrauen in sich, seinen Nächsten und zum lieben Gott zu trainieren.

Einmal Himmel und zurück ... ja, ich werde es wieder tun :-)

Sommertag

An einem schönen Sommertag,
ich faul auf der Terrasse lag,
träumte und dachte vor mich hin,
da kam mir der Garten in den Sinn.
„Eigentlich müsst` ich jetzt fleißig sein, und
krämmern, zupfen, mähen, und auch endlich mal
die schon vor sich hingammelten Grassamen säen.
Als ich verschämt weiter an die Arbeit dachte,
jetzt überlegte, was wohl die Wäsche in der
Maschine machte,
fiel mein Blick zum Himmelszelte,
welches mein Gemüt schnell wieder erhellte.
Ach, was soll's, ich mach jetzt blau,
und bis heute abend in den schönen Himmel schau.
Ich finde, eigentlich bin ich sehr schlau,
sollen doch die Anderen denken,
ich sei `ne faule … ☺

Heutzutage

Wenn ich ein Wort nicht leiden kann, dann ist es das Wort „Heutzutage".

"Heutzutage ist alles schlecht", diese Botschaft scheint schon allein im Aussprechen des Wortes mitzuklingen. Meist wird es dazu verwendet, die „gute alte" Zeit zu glorifizieren. Selbst der Klang der Stimme bekommt meist einen leicht jammernden Unterton. Ob beim Einkaufen, beim Stadtbummel, auf Feiern, auf der Arbeit, egal wo, überall wird „heutzutage" darüber gesprochen, wie „gut" doch alles „früher" war.

Das Wetter war früher immer, ohne Ausnahmen, den Jahreszeiten angepasst. Die Kinder fuhren von November bis Februar Schlitten, die Tage waren immer klar und kalt. Im März hielt früher pünktlich der Frühling Einzug und auf die Eisheiligen war auch noch Verlass! Die Sommer waren noch richtige! Sommer. Nicht wie heutzutage. Und im Herbst, ja im Herbst, schimmerten die Blätter der Bäume stets in schillernsten Rot, Gelb- und Brauntönen zwischen der immer noch warmen Oktobersonne hindurch.

Ja! Die Jahreszeiten waren noch Jahreszeiten!- Früher!

Ach, einfach war das Leben früher, eben einfacher als heutzutage. Es war auch viel, viel lebenswerter! Die Preise waren stabil, die Frauen wussten wo sie hingehörten, die Kinder waren alle gut erzogen und auch die Äpfel schmeckten früher besser als heutzutage. Man sammelte Kastanien und keine Apps wie heutzutage, nein, früher konnten die Kinder noch spielen. Sie waren stets lieb und brav, gaben keine Widerworte und sahen still zu, wenn Vati sonntags das Stück Fleisch bekam. Man hörte Heintje, den Jungen und nicht „Junge" von den Ärzten.

Ach, überhaupt die Jugend heutzutage. Keine Zucht und Ordnung, kein gutes Benehmen, ganz anders als früher ist diese Jugend heutzutage. Laut, unangepasst und viel zu selbstbewusst! Sie können ja sogar schon mit drei mit einem Computer umgehen! So was hätte es früher nicht gegeben!

Doch haben diese ewig Heutzutage-Jammerer nicht bedacht, dass diese Zeit heute, der Fortschritt von morgen ist? Das auch die „gute alte Zeit" nicht nur „gut", und schon gar nicht im Vergleich zum Alter unserer Welt „alt" ist? Haben sie vergessen, dass es schon zu jeder Zeit, Unwetter, Kriege, Hunger und schlechte Äpfel gab? Auch früher gab es Winter, in denen man an manchen Tagen draußen die Wäsche trocknen konnte, sowie im Mai noch Schlitten fuhr. Wenn jede Generation die Möglichkeit gehabt hätte wieder in ihrer Vergangenheit zu leben, also in der

„guten alten Zeit", säßen wir ja heute immer noch mit dem Bärenfell am Feuer und schlügen uns gegenseitig die Keulen auf den Kopf.

Freuen wir uns doch, dass die Kinder „heutzutage" nicht mehr die Kinder von „früher" sind.

Sie sind eben heute die Menschen, die morgen die von gestern sind. Genau wie alle vorherigen vor ihnen. Folglich ist keine Generation besser als die andere, oder?

Was sagte Sokrates (469 v.Chr.- 399 v.Chr.) einst zu diesem Thema:

„Die Jugend liebt heutzutage den Luxus. Sie hat schlechte Manieren, verachtet die Autorität, hat keinen Respekt vor älteren Leuten und schwatzt, wo sie arbeiten soll.

Die jungen Leute stehen nicht mehr auf, wenn Ältere das Zimmer betreten. Sie widersprechen den Eltern, schwadronieren in der Gesellschaft, verschlingen Süßspeisen, legen die Beine übereinander und tyrannisieren ihre Lehrer.

Also!

Halten wir uns heutzutage doch einfach an ein Sprichwort von früher, aus der guten alten Zeit:

Früher ist früher, heute ist heute, sagen alle schlauen Leute. ;-)

L-E-B-E-N-S-L-I-N-I-E-N

Die Linien des Lebens beginnen beim Werden,
sie werden tiefer, verzweigter auf den Wegen des
Seins.
Die Linien des Lebens sind die Verbindung auf
Erden,
alle verschieden – und doch alle eins.

Herbstspaziergang

Ich wanderte nach Hause
durch den herbstlichen Wald,
es war stürmisch, neblig und so was von kalt.
Ich kam an die Lichtung,
sah schon das Licht von zuhaus',
da war mir, als hörte ich aus den vertrauten
Geräuschen
ein Flüstern heraus ...
Ich zitterte, lauschte, und dann war mir klar,
dass es die große, dicke Eiche war!
„Hallo Mensch, hab keine Angst, ich will dir nur
was sagen,
und das schon seit ganz vielen Tagen.
Damit wir nicht länger unterm Laub noch leiden,
hilft der Wind uns beim Entkleiden,
und es ist mir wichtig, dass du weißt,
dass das für die Natur jetzt „Urlaub" heißt!
Wir haben für Euch geblüht, geleuchtet und
gegeben,
doch jetzt, leben wir erst mal wieder unser
Leben.
Wir brauchen dafür die dunkle, kalte Zeit,
denn nur sie gibt uns die Möglichkeit,
im nächsten Jahr zu ranken und um wieder neue
Kraft zu tanken.

Gerne sind wir unter uns,
wir werden schlafen, lachen, scherzen,
doch bald, versprochen, kommt die Zeit
erfreuen wir wieder Eure Herzen."
Benommen und ergriffen ging ich heim,
fühlte tief das Pflänzelein,
das wie ein eingepflanzter Keim,
erzählte von unser aller Sein.
Seitdem erfreu' auch ich mich an dem Nebel,
dem Regen und dem Wind,
weiß doch, dass sie meiner Eiche die allerbesten
Freunde sind!

mail-an-freigeist

In Zeiten von Internet und Co ist es ja wirklich ganz einfach, mal eben das, was einen gerade so beschäftigt, nachzugoogeln. Für jedes Problem werden Unmengen Tipps zur Lösung angeboten. Man kann z.B. nachschauen, was man von den Lebensmittelresten aus dem Kühlschrank noch für ein perfektes Dinner zaubern kann, oder der Routenplaner rechnet einem in nullkommanichts die kürzeste Route aus, egal wohin. Auch bei diversen Problemen wird man im Internet ganz bestimmt eine passende Antwort von einem anerkannten Profi finden. Und natürlich Facebook nicht zu vergessen!

Toll, will ich nicht mehr missen. Ist gut. Super. Kann man gebrauchen. Doch wie bei allem im Leben, gibt's auch da zwei Seiten der Medaille. Eben eine Kehrseite.

Besinnen wir uns mal, wie es war oder wäre (für die Jüngeren von uns, die eine Zeit ohne „Online" sich ja nicht annähernd vorstellen können), als es das alles noch nicht gab. Wir waren gezwungen in Büchern nachzuschlagen, oder mussten uns, wie auch immer, die nötigen Informationen beschaffen! Somit hieß es, den eigenen Kopf beanspruchen zu müssen. So schlimm war's zwar nicht, doch zurück wollen alle wir nicht mehr...

Aber... – verplempern wir nicht doch manchmal sehr viel Zeit mit dieser Errungenschaft der Neuzeit? Ich meine die Zeit, die einfach nur für uns mal nötig wäre. Die Zeit, in der wir einfach mal nichts! tun! Unserem Kopf Freiheit gönnten, indem die Gedanken wandern könnten, egal wohin es sie gerad´ zieht. Ihn mal so richtig auslüfteten, wie verqualmte Klamotten. Wer weiß, was für eine neue Gedankenwelt dort Einzug halten könnte!

Wann haben Sie das letzte Mal ihre innere Stimme gehört? Ihr mal wieder so richtig! zugehört? Gestern, vorige Woche oder letztes Jahr?

Unsere freien Gedanken manifestieren sich immer zuerst im Geist und kehren dann, frisch und frei als kreatives Gedankengut zurück. Nutzen wir doch die Möglichkeit, unserem Gehirn auch mal unseren ureigensten Denkstoff zu liefern.

Den, der aus uns selber kommt! Aus unserem Herzen, Bauch und Seele.

Und d e n gibt es nun mal nicht zu „googeln".

EINFACH! LACHEN

Ich sitze gerade gemütlich in meinem Sessel, blättere in einer Zeitschrift, als mein Blick gebannt an einer Überschrift hängenbleibt. "Lachen lernen" prangt dort in großen Lettern. Da ich auch gerne lache und auch oft was zu lachen hab`, bin ich echt gespannt, was es da so Neues geben soll. Ich erfahre, wie sinnvoll und gesund doch das Lachen ist (weiß ich), dass viele Menschen das Lachen verlernt haben (ich nicht, ein Glück), aber das jetzt eine echte Hilfe in Form von "Lach-Clubs", „Lach-Yoga" oder " Kitzel Runden" naht. Dort steht, dass diese Kurse der Renner sein sollen und sie regelmäßig ausgebucht sind. Ebenso hätte man die Möglichkeit, entsprechende Lach-CDs zu erwerben,so dass man auf ein menschliches Gegenüber nicht mehr angewiesen sei.

Irgendwie bin ich doch jetzt sehr betroffen. Ob es wirklich so viele Menschen gibt, die für`s Lachen Geld bezahlen müssen? Die abends allein in ihrer Wohnung sitzen und "Lach- CDs" hören? Die keinen haben, mit dem sie sich austauschen und einfach mal albern lachen können??? Ob ich vielleicht zu einfach gestrickt bin, um das nachvollziehen zu können?

Aber warum fällt denn dann dem einem die Fröhlichkeit (worin das Lachen ja seinen Ursprung hat) leichter als dem anderen? Sind wir vielleicht mehr wie die „Kinder" geblieben, die sich selbst nicht so wichtig nehmen? Die sich auf Augenhöhe mit jedem anderen erleben, unabhängig seines Standes oder seiner Nationalität? Die, wenn sie Lust drauf haben, auch mal Nachts um drei, Eis mit doppelt Schokosauce und Smarties schlemmen, ohne schlechtes Gewissen?

Diese brauchen auf jeden Fall keine Spiegel oder Waagen, um glücklich zu sein! Wir trinken Sekt statt Selters und ein Dreckfleck auf der neuen Hose wirft uns auch nicht aus der Bahn.

Sich einfach nicht zu viele Gedanken zu machen, ent- und vor allem ge-spannt in den neuen Tag zu starten, sich nur am eigenen Maßstab messen und nicht an dem des Nachbarn ... ist es nicht das, was es wieder zu lernen gilt?

Eins ist für mich gewiss: Lachen braucht man nicht zu kaufen, wenn man eine gesunde Einstellung zum Leben hat!

Altlasten

Alt, vergessen, mit Sorgen belastet,
so sah und fühlte ich mein Leben,
meinte, keiner könnte mir mehr Hilfe geben.
Doch ich erkannte, die Kraft kommt von innen,
durch die Liebe zu mir und den guten Gedanken,
die sich mit der Zeit immer fester
um meine Seele ranken.
Denn das Außen ist nur eine Hülle,
das Wahre liegt in uns und dort ist die Fülle.
So vertraue auch DU dem Fluss des Lebens,
denn Liebe zu fühlen ist niemals vergebens.

Licht und Schatten

Ich komme zu Dir, um auszuruhen,
um nachzudenken über mich und mein Tun.
Alles ist dunkel, ich seh nicht das Licht,
Schatten vernebelt meinem Denken die Sicht.
Verschwunden scheint all das Helle zu sein,
ich wünschte so tief, meine Seele wär rein.
Eine Flut von Tränen umspült mein Gesicht,
ich beginne zu fühlen, doch erkenn ich noch nicht.
Und wie auch Wasser die Erde aufweicht,
spüre ich, wie Liebe und Hoffnung
mein Herz erreicht.
Ich werde ganz ruhig, ich werde ganz still,
der Schatten ist weg, ich weiß was ich will.
Danke für Deine Hilfe auf meinem Weg,
Du bist zwischen Schatten und Licht- mein Steg.

Wie wäre es?

Wie wäre es, wenn wir mit der Macht der guten
Gedanken,
das Licht in uns am Leben erhalten?
Wir müssten doch nur die größer werdende
Flamme
mit Liebe, Mut und Rückgrat verwalten,
und zusehen, dass die Herzen nicht erkalten.
Es würde zwangsläufig brechen das Schweigen,
denn wir würden den Feinden das Licht in uns
zeigen.
Die Fackeln würden wie Leuchttürme im
Dunkeln stehen,
sie würden so hell leuchten, dass die Menschen
verstehen,
und ganz besonders die Schwachen sie sehen.
Wir alle würden zu Freunden werden,
wir alle, Hand in Hand, als Fackeln im Licht,
wir alle auf dem Weg zum Frieden,
wir alle gemeinsam mit nur einer Sicht.

Und? Wie wäre es?

Auf den Spuren meiner Oma

Es blieb mir neulich aufgrund extremer Klemmprobleme keine andere Wahl, endlich mal wieder meine Gerümpelschublade auszumisten. Auch wenn dies definitiv nicht zu meinen Hobbies zählt ist es doch jedesmal eine äußerst spannende Angelegenheit. Ich fischte die verschiedensten Utensilien durch den Schlitz, mengte und räumte, doch irgendetwas hatte sich so dermaßen verhakt, dass ich schon im Begriff war, die ganze Sache auf morgen zu verschieben. Den letzten Versuch startete ich mit dem alten langen Holzlöffel, der es dann doch tatsächlich schaffte das querliegende Etwas von hinten durch die Schublade in den sich darunter befindeten Schrank zu befördern. Zutage kamen zwei Bücher und eine Klarsichthülle, die eigentlich das Wort „Klar" beileibe nicht mehr verdiente. Sie war vollgestopft mit kleinbeschriebenen Zettelchen, Kalenderblättern, Fotos und Zeitungsausschnitten... und so nach und nach wurde mir klar, was ich da wieder in den Händen hielt...

Mir wurde ganz warm ums Herz. Oma. Ich ließ Schublade Schublade sein und setzte mich mit den Erinnerungen vergangenen Lebens auf den Küchenboden. Bilder erschienen vor meinem geistigen Auge:

Ich sehe sie in ihrer Küche. Pummelig und fröhlich lacht und winkt sie mir zu. Die Kaffeemaschine läuft, ihren selbstgebackenen Reibekuchen hält sie in der Hand. Ich sehe sie an meinem Kinderbett sitzen, mir eindringlich erzählend, dass egal wo ich auch bin, mein Schutzengel über mich wacht. Ich sehe sie am Klavier, mit ihrer Mundharmonika und an ihrer Zither, eins mit sich und der Musik.

Und ich sehe sie schreiben...

Zettel über Zettel liegen herum. Abgerissene, vollbeschriebene Rückseiten von Kalenderblättern, hier eine Notiz auf einem Kassenzettel, da Stichwörter an dem Rand der Siegener Zeitung. Selbst vor ihrem geliebten Paulinusheft macht sie nicht Halt.

Schamgefühle krochen in mir hoch, *da ich sehe, wie ich mich, genau wie der Rest der family, augenrollend und gelangweilt vom Vortragen ihrer Gedichte auf der Eckbank lümmel.*

Was waren wir stets erleichtert, wenn der Kelch des Zuhörens statt einen selbst einen anderen traf!

Dass aber hinter „Oma" mehr steckte, sie nicht nur Hausfrau und Mutter, sondern auch eine selbstbewusste, taffe und eigenständige Denkerin war, begriff ich erst später.

Ihr Name war Elisabeth Lück, geb. Thibus. Geboren wurde sie 1920 in Siegen, wo sie auch im Alter von 93 Jahren starb. Ihr Wunsch Lehrerin zu werden, erfüllte sich aufgrund der damaligen politischen Lage nicht. Sie heiratete, bekam 5 Kinder, kümmerte sich um Haus und Garten. Jede Mark wurde gespart. Doch in jeder freien Minute schrieb sie und wandelte ihre Gedanken, Ängste und Nöte in aufbauende Worte um.

Alle ihre Gedichte und Erzählungen lassen ihren tiefen, christlichen Glauben erkennen, von diesem sie jedoch nicht nur „sprach", sondern ihn auch bis zum 87. Lebensjahr im täglichen Leben anwandte (u.a. war sie 25 Jahre lang als ehrenamtliche Mitarbeiterin im Theodor-Kessler Haus, später Kursanadomizil, in Siegen tätig).

Und während ich da saß und las, mir die Tränen unentwegt übers Gesicht liefen, erkannte ich ganz deutlich, dass wir zeitversetzt auf dem gleichen Weg wandern. Dass unsere Gedanken und Gefühle aus dem gleichen Stoff sind. Dass sie, meine Oma Elisabeth Lück, in mir weiter lebt ...

Kleiner Mensch

Wie klein bist du Mensch
unter dem Himmel, der ausspannt.
Schaust die Sonne rot versinkend
über's weite Land.

Wie klein bist du Mensch unter dem Himmel,
der sich ausdehnt in unendliche Fernen.
Du erblickst den Mond wie eine silberne Scheibe
zwischen den leuchtenden Sternen.

Unter dem Himmel kannst du kleiner Mensch
deinen Schöpfer erfahren.
Daher danke und singe ihm Lob
in all deinen Jahren.

Vergiss kleiner Mensch nie was Gott dir gegeben
wie wunderbar er dich führte
in deinem Leben.

Elisabeth Lück

Dein Stern

Siehst du den Stern, der über dir leuchtet?
Der da ist bei Tag und bei Nacht,
der immer und überall über dich wacht?
Egal wo du bist, egal was du machst,
egal, ob du weinst, egal, ob du lachst,
Er ist da,
besonders in dunkelster Nacht,
dein Stern,
der über dir leuchtet und über dich wacht.

Ein kleiner Beitrag zur Mitmenschlichkeit

Wer von uns hat schon mal eine Topfblume besessen, die lange Zeit nicht gegossen wurde? Ich wette, jeder!

Nun hat man zwei Möglichkeiten. Entweder wandert sie ab in den Müll, weil sie einem egal ist, oder man versucht sie wieder zum Leben zu erwecken. Nehmen wir mal an, Sie entscheiden sich für die zweite Variante. Sie füllen die Gießkanne mit Wasser und gießen die völlig ausgetrocknete Erde. Doch was passiert? Fast nichts! Die Erde nimmt das Wasser zuerst gar nicht an, es perlt von der Oberfläche ab. Also sind Sie gezwungen, das Blümchen ganz vorsichtig, Schlückchen für Schlückchen zu bewässern (was aber eventuell ewig dauern wird) oder sie holen einen Eimer Wasser und tauchen die Pflanze bis Oberkante Topf hinein. Sie werden hören, dass erst langsam, dann aber mit immer stärker werdender Kraft, das Wasser sich in die Erde saugt, bis sie völlig durchtränkt ist. Natürlich ist unsere Blume jetzt noch nicht über den Berg! Der erste Schritt ist zwar getan, doch schön und gesund sieht anders aus!

Denn jetzt ist unsere Geduld gefragt. Sie müssen

„am Ball bleiben" und nach einiger Zeit werden die Früchte ihres Einsatzes in Form von tollster Blütenpracht belohnt.

Übertragen wir diese Geschichte mal auf einen Menschen, der schon lange alleine ist. Sich einsam und nirgends dazugehörig fühlt. Ist es nicht so, dass auch er ein freundliches Wort und jegliche Form der plötzlichen Anteilnahme erst mal argwöhnisch betrachtet?

Meint die etwa mich? Was will die jetzt von mir?, wird er sich fragen. Auch er wird erst nur zögerlich „das Wasser" annehmen. Und jetzt liegt es wieder nur an uns. Wenn wir uns dafür entscheiden, diesem Mensch ein Freund zu sein und ihm helfen wollen, sich wieder dazugehörig zu fühlen, müssen wir auch da am Ball bleiben!

Nur dann erst wird er langsam aber sicher wieder lernen, Vertrauen und neuen Lebensmut zu fassen. Ist das alles durch ehrliche Wertschätzung erreicht, wird automatisch die Lebensfreude wieder zu neuem Leben erweckt.

Sehen und hören Sie ihn, wie er lacht und ruft: „Hier bin ICH! Ich bin wieder da!!!"

Logisch. Sie werden verstanden haben, was ich ihnen mit der Geschichte sagen will. Besuchen Sie doch z.B. einfach mal das nächstgelegene Altenheim und fragen nach, wer keinen Besuch bekommt. Sie werden die Superchance bekommen, auch ihrem Leben einen neuen Sinn zu geben. „Bewässern" Sie regelmäßig ihren neuen Freund und sie werden staunen, was dann passiert ...

Mein Kind

Besonders jetzt in dieser Zeit,
denk' ich oft, wie wäre mir,
wenn mein geliebtes Kind mich müsst verlassen,
um in der Fremde neuen Fuß zu fassen,
um zu schützen Leib und Leben,
auch für das Kind, das ihm doch bald gegeben.

Ich würde beten, hoffen, flehen,
dass in der Fremde die Menschen zu ihm stehen,
es achten, schätzen, froh empfangen,
ach, dann müsst ich nicht mehr bangen.

Was kann man tun?

An manchen Tagen ist man doch sehr gespalten,
wie wird sich die Zeit
in unserem Leben noch gestalten?
Wird alles gut oder wird es schlechter werden,
nicht nur für mich, sondern für alle hier auf Erden?
Werden die Mächtigen
den Blick auf den Frieden bewahren?
Oder ob sie alles Leben an die Wand werden fahren?
Was kann man tun, was kann man machen?
Soll man weinen, soll man lachen?
NEIN!
Ich werde mir nicht durch die Angst den Blick
auf die Hoffnung verbauen,
und weiterhin auf den Glauben und die Liebe
zum Nächsten vertrauen.
Ich werde nach wie vor den Einzelnen sehen,
und weiter den Weg des Vertrauens gehen.
Auch will und werde ich weiter versuchen das
Gute zu denken,
und meinen Blick noch mehr als sonst auf die
wahren Dinge im Leben lenken.
Denn so wird nicht die Angst, sondern die
Zuversicht gewinnen,
doch dafür muß jeder für sich im Kleinen beginnen.

Befreiung Ausbruch Aufbruch

Die Natur im steten Wandel der Zeit sich befreit,
im Öffnen liegt Werden zum Ausbruch bereit.
Das Leben will blühen, will lieben, will sein.
Im Aufbruch liegt Hoffnung, für dein und für mein.

Gedanken zu Ostern

Der alte Mann, gebrechlich und dem Tode nah,
stand auf vom Stuhl vor seinem Fenster,
um noch einmal in den Wald zu gehen,
der Teil von seiner Kindheit war.
Er erreichte ihn mit müdem Schritt,
den Weg aus alter Zeit,
Bilder und Gefühle stiegen auf,
voll Wehmut und voll Bitterkeit.
„Das soll der Sinn des Lebens sein?
Man wird geboren um zu sterben?
Eben erst war ich noch klein,
und jetzt warten schon die Erben."
Er setzte sich auf eine Bank, in trübesten Gedanken,
bemerkte nicht den Frühlingshauch,
und das leichte Blätterwanken.
„Hallo, du guter, alter, lieber Mann,
ich will dir gern was schenken,
würdest du bitte mal, deinen Blick zu mir
herunter lenken?"
Erschrocken tat der Alte wie geheißen,
und glaubte nicht, was er da sah!
War das hier denn jetzt wirklich wahr und
konnte dieses sein?
Ein Hase saß an seinem Bein und reichte ihm ein Ei
– bunt bemalt und prächtig fein.

„Ich bin zuerst zu dir gehoppelt mit meiner schweren Last,
ich sah, dass du den Glauben fast schon ganz verloren hast.
Doch höre zu, was ich dir sage:
Ohne Anfang, ohne Ende, so ist auch unser Leben,
genau das will das Ei dir sagen, und dieses stets an Ostertagen,
wenn zu keimen beginnt die Saat und die Auferstehung naht.
Und ich, als kleiner Hasen-Frühlingsbote, helfe mit bei dem Verteilen,
auf dass die Menschen das Symbol auch alle schnell ereilen."
Seltsam es dem Alten wurde, irgendetwas war geschehen,
Hoffnung in der Seele wallte, er begann zutiefst verstehen.
So wanderte er zurück auf seinem Weg, jetzt leicht und ohne Last,
er sah und hörte sich als Jungen, fröhlich spielend ohne Hast.
Da schob sein zartes Kinderhändchen sich in seine alte rein,
er lächelte und ging mit Zuversicht und Liebe und festem Schritt ins neue Sein.

Noch ein bisschen was zu mir:

Mein Name ist Eva Schumacher. Geboren wurde ich 1965 in Siegen, was mich freut – zum einen, dass ich geboren wurde, zum anderen, dass es in Siegen war. Neben meiner Familie, Freunden, der Arbeit in einem Alten- und Pflegeheim, Eis und Schokolade liebe ich es besonders, meine Gedanken in Worte zu fassen.

Alles begann, als 2013 meine Oma verstarb, die zeit ihres Lebens eine „Schreiberin" war.

Niemals hätte ich gedacht (da ich mich bis dahin noch nicht mal annähernd für dieses Metier interessierte), dass es ausgerechnet mich treffen würde, an den sie ihre Fackel weitergibt. Seitdem, und praktisch über Nacht, haben meine mir selbst oft nicht bewussten Gedanken so nach und nach das Licht der Welt erblickt …

Vielleicht konnten Sie sich ja in dem ein oder anderen wiederfinden und/oder es hat Sie zum Nachdenken angeregt, aber auf jeden Fall hoffe ich, dass Sie Freude beim Lesen hatten!

Herzliche Grüße,

Ihre Eva Schumacher

Zeitfracht Medien GmbH
Ferdinand-Jühlke-Straße 7
99095 Erfurt, Deutschland
produktsicherheit@kolibri360.de